DISCOURS

PRONONCÉS AUX OBSÈQUES

DE M. CHARLES CUCUEL

PROFESSEUR A LA FACULTÉ DES LETTRES

DE BORDEAUX

Le 26 Novembre 1891

BORDEAUX

IMPRIMERIE DE G. DELMAS

139, rue Sainte-Catherine, 139.

—

1891

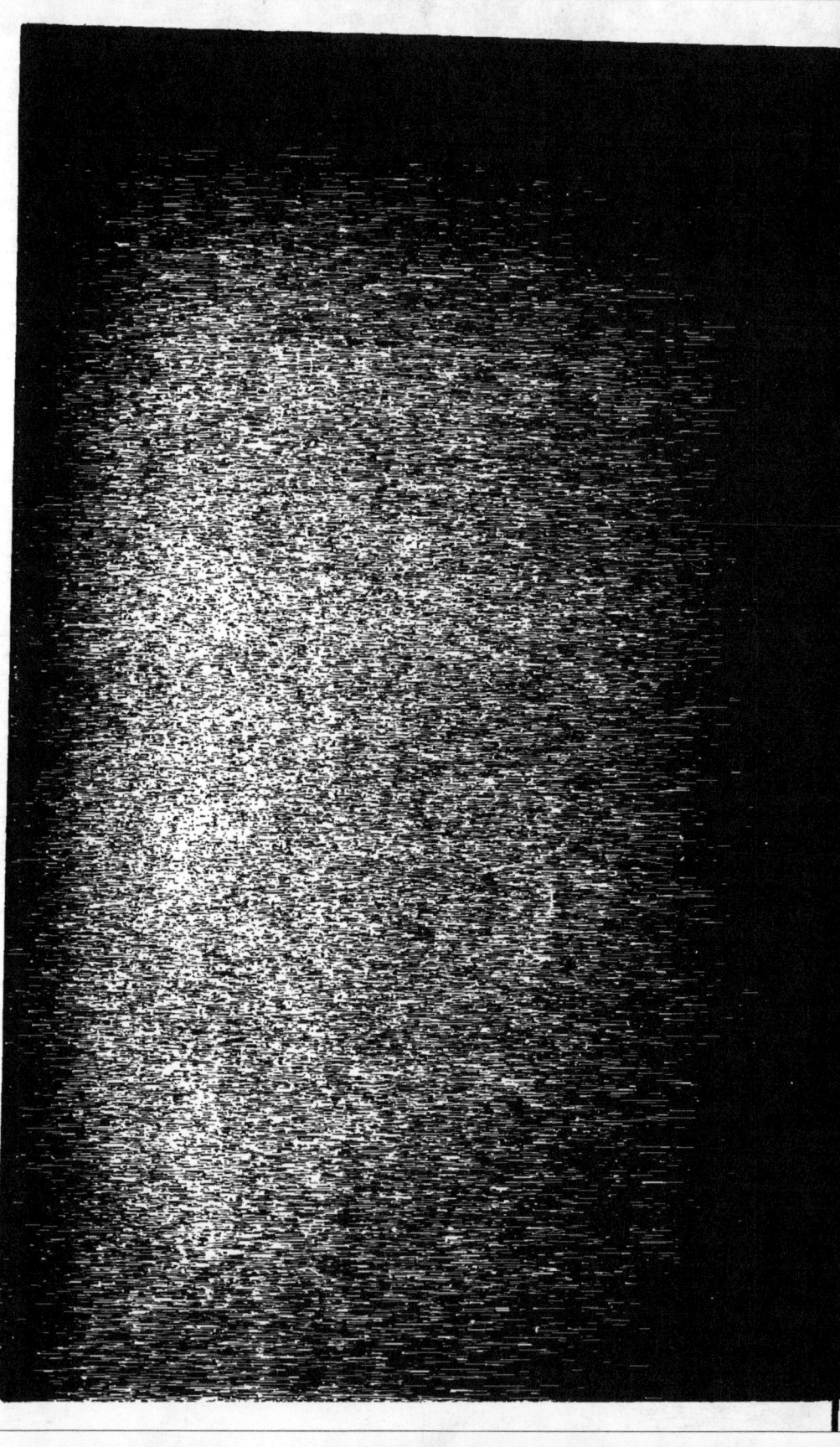

Charles Guguel

DISCOURS

PRONONCÉS AUX OBSÈQUES

DE M. CHARLES CUCUEL

PROFESSEUR A LA FACULTÉ DES LETTRES

DE BORDEAUX

Le 26 Novembre 1891

BORDEAUX

IMPRIMERIE DE G. DELMAS

139, rue Sainte-Catherine, 139.

1891

DISCOURS DE M. COUAT

RECTEUR DE L'ACADÉMIE DE BORDEAUX.

Messieurs,

Rappelé à l'improviste par une dépêche auprès de cette triste tombe, je ne puis me soustraire au douloureux devoir de dire quelques mots sur le cher collègue qui est enfermé là. J'essayerai de le faire, malgré le trouble de mes pensées.

Que dire d'ailleurs? Comment exprimer avec assez de force, aussi fortement que nous le sentons tous, ce qu'a de brutal, d'aveugle et d'injuste la mort qui vient d'anéantir en un moment tant d'espérances et de briser tant d'affections? Il y a quelques jours à peine, Charles Cucuel était heureux et se sentait heureux. En pleine vie, en pleine jeunesse, il jouissait d'une situation honorée, conquise par son mérite et par son labeur; il s'abandonnait aux amitiés qui l'entouraient parmi ses collègues et aux douceurs plus profondes des amours de la famille. De tout cela, que reste-t-il aujourd'hui? Ici, des couronnes, des regrets, des adieux sincères mais vains; là-bas, dans la maison désolée, des pleurs inconsolables.

On serait tenté de protester contre la volonté mystérieuse qui frappe de pareils coups; mais ces protestations, toujours inutiles, seraient ici déplacées, devant la tombe d'un croyant. Il semble que ce qui convient le mieux dans un tel deuil, ce soient des prières ou le silence. Les prières n'ont pas manqué à celui qui n'est plus; elles l'ont accompagné jusqu'ici, et je suis sûr qu'avec sa foi ardente Cucuel les eût préférées à toute oraison funèbre ; et cependant, ces éloges si mérités, dont son extrême modestie se fût peut-être offensée, nous les devons bien à lui, à tous ceux qui l'aimaient, à ses parents surtout, à l'Université qu'il a servie de son dévouement et ornée de ses vertus.

Après avoir été un élève très distingué du Lycée Charlemagne et de l'École Normale supérieure, Cucuel fut reçu le premier à l'agrégation de grammaire, dans un concours où la supériorité de ses épreuves fut remarquée. Quelques années seulement après ce beau succès, il affirmait ses aptitudes pour l'érudition, dans une thèse précise et solide sur les plaidoyers de l'orateur Antiphon. Le jeune docteur se révélait déjà comme un savant et comme un helléniste. Le doctorat lui ouvrait l'enseignement supérieur, d'abord à Lyon, puis à Bordeaux, où il fut successivement chargé de cours, puis professeur titulaire à la Faculté des lettres. C'est là que Cucuel donna des preuves répétées de son sérieux savoir et de sa conscience d'écrivain dans plusieurs ouvrages scolaires. Mais il méditait un travail plus vaste et plus digne de lui, et il entrevoyait dans l'avenir, dont il croyait, hélas ! pouvoir disposer, le jour où il publierait une histoire de l'éloquence attique dont son Essai sur Antiphon n'était que la préparation et dont il réunissait les matériaux.

Tel était le savant. Ceux qui l'ont approché de plus près diront mieux que moi ce qu'était le professeur ; combien dévoué, combien scrupuleux, même à l'excès, combien défiant de lui-même, combien enfin passionné pour son œuvre et tout à ses élèves.

C'est que les qualités du cœur étaient peut-être chez lui plus rares encore que celles de l'esprit. Il n'y avait en lui rien que de noble et de pur : c'était la droiture même. Dans le jury d'agrégation où il avait été appelé malgré sa jeunesse, et où sa bonne volonté toujours prête et sa science toujours sûre rendirent de si grands services, il se montrait vraiment admirable et touchant par son souci d'être juste et par les délicatesses charmantes de sa conscience.

Bien qu'il donnât beaucoup à l'étude et à la science, en qui il avait enfermé toutes ses ambitions, il vivait surtout par la tendresse. Dans ce même jury d'agrégation, ses collègues purent voir, en une de ces circonstances où l'homme se montre tel qu'il est, la profondeur des sentiments de Cucuel. Nous venions d'apprendre la mort terrible de Riemann, dont il avait été l'élève, le collaborateur et l'ami ; de Riemann, enlevé comme lui brusquement à la science, à la renommée, à sa femme, à ses enfants. Cucuel en fut affligé jusqu'au fond de l'âme. Un jour, pendant les épreuves orales, malgré son ardent désir de remplir sa tâche, ne pouvant résister aux pensées qui l'oppressaient et au flot des larmes qui montait jusqu'à ses yeux, il sortit pour pleurer seul sur la mort de son ami. Et le jour des obsèques, il exprima publiquement, au nom des anciens élèves de Riemann, avec une chaleur communicative, avec une expressive sincérité, tout ce qu'il y avait en lui de bonté, de reconnaissance, d'affection durable et spontanée. Comment aurais-je pu supposer que trois mois à peine après ces tristes obsèques de Riemann, du jeune et déjà célèbre érudit, j'aurais le chagrin, le cruel chagrin d'accompagner au cimetière le corps de ce pauvre Cucuel et de dire devant son cercueil les dernières paroles !

S'il aimait à ce point ses maîtres et ses amis, que devait être sa tendresse pour ses parents, pour ses enfants, pour sa jeune femme, pour tous ceux dont il était l'orgueil et l'appui ? Tout cela n'est plus ; ce cœur si affectueux a cessé de battre. Cucuel n'avait que trente et un ans : c'est un printemps qui s'en va. Il n'avait jamais fait et jamais connu que le bien ; son âme était candide et virginale. Sa bière devrait être couverte d'un linceul blanc et des fleurs blanches d'avril.

Au nom de l'Université, je salue une dernière fois l'âme noble et délicate que nous avons perdue. L'Université se souviendra de la dette qu'elle a contractée à l'égard de la veuve et des orphelins.

DISCOURS DE M. STAPFER

DOYEN DE LA FACULTÉ DES LETTRES

Lu par M. DENIS, assesseur.

MESSIEURS,

C'est avec une émotion profonde que je viens, au nom de la Faculté des lettres, dire un suprême adieu à l'un des plus jeunes, des plus aimables, des plus gais, des plus sympathiques, et, à ce qu'il nous semblait, hélas ! des plus vivants de nos collègues. Ce n'est pas que sa santé ne nous eût jamais donné d'inquiétude ; mais il était revenu de vacances avec un air florissant, il semblait avoir refait un long bail avec la vie, et ce beau retour apparent de force et de vitalité nous avait fait oublier nos anciennes préoccupations à son sujet.

Le vendredi 13 novembre, il prenait part aux examens oraux de la licence. Cette longue séance l'avait fatigué ; mais il ne se jugeait pas encore incapable, pour cela, de continuer à rendre au baccalauréat des services que les indispositions de plusieurs d'entre nous faisaient assez lourdement peser sur le petit nombre des vaillants ; fidèle observateur de tous ses devoirs, il me priait seulement de lui laisser sa liberté dans l'après-midi du 19, pour qu'il pût faire son cours aux étudiants. Hélas ! il n'a plus reparu à la Faculté, ni comme examinateur ni comme professeur. Après un malaise de quelques jours, où l'on crut voir une forme sans gravité de l'épidémie régnante, une fluxion de poitrine se déclara, et la maladie fut si rapide qu'elle ne lui permit pas de se sentir mourir : réel motif de consolation pour ceux qui pensent que, dans la mort, la conscience et le sentiment de la mort sont la chose effrayante et douloureuse ; mais surcroît de tristesse peut-être pour les âmes pieuses, qui, n'ayant point cette épouvante du terrible passage, auraient été heureuses d'échanger, au seuil de l'éternité, des mots d'adieu et d'espérance.

Il faut, Messieurs, que je retrace la brillante carrière de notre jeune collègue, si brusquement interrompue ; il faut que je rappelle les ouvrages dont il avait commencé à enrichir le trésor de la science ; je dois cette notice à la mémoire de celui que nous pleurons, c'est ici proprement mon rôle et ma tâche. Mais, vous l'avouerai-je ? sur cette tombe prématurée, dans le deuil si cruel qui oppresse nos cœurs, une notice nécrologique me semble quelque chose de bien froid, d'à peine utile et de presque déplacé. Je comprends l'espèce de satisfaction qu'on éprouve et qu'on communique à dérouler complaisamment la vie d'un homme qui s'en va plein de jours et qui a rempli sa destinée : quand on est enlevé à trente et un ans, que peut-il y avoir de plus douloureux à entendre qu'une liste de succès abrégés par une fin précoce, et de talents qui promettaient beaucoup plus qu'ils n'ont pu donner ?

Charles Cucuel était né à Montbéliard, le 13 mars 1860. Il avait conservé pour le pays de son enfance une tendresse filiale. Son rêve, depuis qu'il était à Bordeaux, était d'y passer une fois avec sa petite famille tout le temps de ses vacances : il lui fut donné de réaliser ce rêve cette année. C'est au Lycée Charlemagne qu'il fit ou plutôt qu'il termina ses études depuis la rhétorique. Élève de l'École normale supérieure en 1880, sa vocation de grammairien y fut devinée, dès la première année, par un maître éminent, M. Tournier. Il fit et publia à l'École même sa traduction des *Règles fondamentales de la Syntaxe grecque,* d'après la grammaire de Curtius, donnant l'exemple d'une facilité tranquille et, suivant l'expression d'un de ses camarades d'école devenu son collègue à la Faculté des lettres de Bordeaux, d'une *sérénité* de travail qui frappait beaucoup ses amis, et qui est restée chez lui un trait de caractère d'autant plus remarquable qu'elle s'alliait à une certaine vivacité de manières, à je ne sais quelle agitation toute de surface, d'après laquelle il aurait fallu se garder de le juger. Un maître en graphologie ne s'y serait pas trompé, et il aurait reconnu d'abord dans sa magistrale et superbe écriture une âme réglée, paisible et maîtresse d'elle-même.

A sa sortie de l'École en 1883, reçu le premier au concours d'agrégation de grammaire, il entra du même coup dans l'enseignement secondaire et dans l'enseignement supérieur ; car il fut nommé professeur de sixième au lycée de Dijon, et, en même temps, chargé d'une conférence de philologie grecque et latine à la Faculté des lettres de cette ville. C'est alors qu'il publia son édition classique de deux chants de l'*Odyssée*.

En 1885, il fut chargé à la Faculté des lettres de Lyon du même enseignement qu'à Dijon. Nous sommes persuadés que pour ces deux Facultés, qui n'avaient point oublié un si charmant collègue, sa mort sera un deuil comme pour celle de Bordeaux.

Deux thèses, l'une sur le *Cratyle* de Platon, l'autre sur la langue et le style de l'orateur Antiphon, lui valurent, en 1887, le grade de Docteur. La même année, M. Couat, titulaire de la chaire de langue et littérature grecques à la Faculté des lettres de Bordeaux, ayant été nommé Recteur à Lille, M. Cucuel fut appelé parmi nous, et quand la mort de M. Ouvré, ce deuil qui date d'hier, mais que nous avons de la peine à croire si récent, tant les événements se sont pressés durant les treize mois qui nous en séparent ! — nous eut rendu M. Couat comme chef de notre Académie, Charles Cucuel devint titulaire de la chaire de grec déclarée vacante. Sa nomination date du 19 mars 1891 : il a donc joui neuf mois à peine de son titre de professeur !

Des éditions classiques de *Phédon*, du *Criton*, de l'*Apologie de Socrate*, des *Études sur Eschyle*, des *Éléments de paléographie grecque*, et plusieurs articles insérés dans les *Annales de la Faculté des lettres de Bordeaux*, complètent la liste, bien courte si l'on pense à tout ce qu'il aurait encore donné, mais déjà longue, si on a égard à son âge, des publications savantes de notre jeune collègue.

En 1888, il avait reçu une mention très honorable de l'Association des études grecques; en 1890 et en 1891, il avait eu l'honneur d'être membre du jury de l'agrégation de grammaire, fonctions délicates et absorbantes dont il s'est acquitté avec la conscience, le dévouement et l'ardeur qu'il portait dans l'accomplissement de tous ses devoirs.

J'ai achevé, Messieurs, de tracer l'esquisse de l'activité professionnelle et littéraire de ce noble jeune homme mort à trente et un ans; mais je n'ai presque rien dit de ses exquises vertus morales, et si je n'ajoutais pas deux mots dans cet ordre d'idées, il manquerait à ce portrait, qui restera toujours incomplet, quelque chose de trop essentiel.

Les qualités dominantes de Charles Cucuel étaient la droiture et la franchise. Je ne pense pas que jamais les lettres grecques, cette école de finesse parfois excessive, aient formé un homme moins capable d'équivoques, de sous-entendus, de réticences, ayant plus en horreur le moindre semblant d'astuce ou de mauvaise foi. Il était la candeur même, le « cœur sans fraude » dont parle l'Évangile. Et de là vient cette affection profonde qu'on lui vouait dès qu'on avait causé deux fois avec lui, parce qu'elle était fondée sur l'estime.

Il y a des gens qui s'attirent le respect mais qui éloignent la confiance et l'abandon, parce que leur austérité fait peur: tel n'était pas notre ami. La gaîté, une gaîté d'enfant, naïve, exubérante, primesautière, l'accompagnait partout; c'était une joie de le rencontrer, c'était une fête de le recevoir dans l'intimité pour une de ces bonnes causeries mêlées de rires qui détendent l'esprit et dilatent le cœur.

Mais on sentait sous cette gaîté charmante l'homme sérieux, moral, qui ne transige pas sur les principes et ne badine pas avec ses convictions. Il ne permettait à personne de franchir trop légèrement certaines limites. Il avait un fonds de sévérité, j'allais dire de puritanisme. Ennemi de toute dissimulation et volontiers même un peu militant pour la bonne cause, il n'était pas homme à taire ses croyances. La Faculté l'entendit, un jour, en pleine soutenance de thèse, professer hautement sa foi chrétienne et protestante, et dénoncer avec indignation une proposition téméraire du candidat sur le caractère moral de la Réforme. Mais admirez en même temps la bonté et la tolérance de ce jeune apôtre si vertueusement passionné : lorsque après la soutenance, le jury se retira pour délibérer sur la note, le candidat, un abbé, n'eut point d'avocat plus chaleureux que son censeur de tout à l'heure, qui aurait désiré que la Faculté le reçût docteur à l'unanimité, mais qui ne réussit pas à faire prévaloir son opinion. Comme dans toutes les natures ouvertes et ardentes, la parole, chez Cucuel, pouvait parfois dépasser un peu la pensée, et on aurait couru le risque de se tromper en préjugeant sa conduite d'après son langage.

Je pourrais, Messieurs, rappeler d'autres souvenirs ; mais à quoi bon prolonger un discours qui ne sert qu'à entretenir notre chagrin ? Un mot dit tout et résume tout : nous aimions tendrement cet homme excellent. Les étudiants l'adoraient. Les enfants eux-mêmes le chérissaient comme un des leurs, car il savait redevenir enfant au milieu d'eux, non avec art et avec effort, mais tout naturellement, s'amusant de leurs jeux et y prenant un réel plaisir.

Des différentes étapes de sa vie universitaire, la classe de sixième qu'il fit au Lycée de Dijon n'est pas celle qui lui avait laissé le moins doux souvenir, à tel point qu'il se demandait parfois avec humilité s'il n'avait pas fait fausse route en entrant dans l'Enseignement supérieur, et si sa véritable vocation n'était pas l'enseignement des enfants. — Une leçon de candeur et d'honnêteté profonde : telle est celle qui se dégage pour nous d'une telle vie. Gardons-en longtemps devant nos yeux l'image bienfaisante. Mais, puisque cette mort prématurée a brisé nos cœurs, pleurons et n'ayons point honte de nos larmes.

S'il y a dans la sympathie de toute l'Université de Bordeaux, s'il y a dans les larmes qui mouillent tous les yeux, une puissance de consolation, nous l'offrons au père, nous l'offrons à la veuve de notre bien-aimé collègue, et j'ose dire qu'il n'y eut jamais d'hommage plus sincère ni plus ému...

DISCOURS PRONONCÉ PAR M. POMMERET

BOURSIER D'AGRÉGATION

Au nom des Étudiants de la Faculté des lettres et de l'Association générale des Étudiants de Bordeaux.

Messieurs,

L'Association des Étudiants de Bordeaux vient de perdre un de ses plus zélés protecteurs, un de ceux qui ont suivi et facilité ses progrès avec l'affection la plus cordiale et le plus sincère dévouement. Elle est frappée d'un coup bien sensible ; et dans la stupeur où la jette cette mort foudroyante, elle salue douloureusement l'ami qui s'en va.

Nous surtout, Étudiants de la Faculté des lettres, nous sommes accablés. Pour nous, c'est un deuil de famille ; nous perdons plus qu'un ami, un frère aîné, simplement et vraiment bon, préoccupé de nos intérêts, heureux de nos succès, toujours prêt à nous accueillir, à nous aider, à nous encourager, à nous consoler. Que de services il nous a rendus pendant ces quatre années ! Que de reconnaissance nous lui devons tous !

Ce maître si bienveillant avait l'esprit ouvert comme le cœur ; il n'estimait pas que la science la plus sûre fût la moins agréable. Cet helléniste de haute valeur, ce grammairien dont le nom déjà faisait autorité, était un lettré finement moderne, un psychologue curieux de reconnaître et de montrer chez les anciens les immuables traits de l'homme perpétuel. Il voyait dans les textes mieux qu'une matière à variantes présomptueuses ; soucieux avant tout de nous former le goût et le sentiment, il nous mettait en garde contre les vaines subtilités critiques et la sécheresse prétendue didactique.

La sécheresse ! Nous ne courions pas le danger de la rencontrer aux conférences où se répandait cette verve spirituelle et entraînante, d'un charme délicieusement jeune qui nous pénétrait et nous rendait meilleurs. Aussi étions-nous joyeux lorsque M. Cucuel fut nommé professeur titulaire ; nous ne craignions plus qu'on nous l'enlevât.

Et voilà notre joie brisée ! Cette voix aimée ne nous instruira plus ! Les travaux dont fut remplie cette jeunesse austère n'ont eu pour fruit qu'une mort plus prompte ! Ah ! nous serions tentés de nous laisser aller à ce pessimisme qu'on reproche tant à notre génération. Dans cette tombe, tous nos espoirs pourraient descendre pour jamais. Le spectacle d'une fin si cruelle ne découragerait-il pas les plus nobles et les plus légitimes de nos ambitions et de nos rêves d'avenir ?

Non, car nous avons, pour résister à cette désespérance, le souvenir de vos principes et de vos exhortations, cher Maître. Contre les défaillances auxquelles nous serions sujets en ce moment, vous nous avez vous-même fortifiés. Cette indifférence sceptique qui nous gagnerait, vous l'avez toujours combattue de toutes les forces de votre âme, vous, croyant et homme d'action. Vous nous avez appris à mêler aux amertumes de la réalité décevante, la douceur bienfaisante et vivifiante d'un Idéal, d'une Foi.

Nous ne l'oublierons pas. A notre tour, nous l'enseignerons. Souvent, expliquant à nos élèves les chefs-d'œuvre que nous avons étudiés avec vous, nous y trouverons de ces épisodes émouvants où des jeunes gens, victimes d'un Destin jaloux, font leurs adieux à la lumière et à la vie, en gémissant sur les êtres chéris qu'il leur faut abandonner : comment alors ne songerions-nous pas à la catastrophe que nous déplorons aujourd'hui ? Mais notre front, un instant assombri, s'éclairera bientôt. Nous ne vous verrons plus dans la mort, ô Maître regretté ; vous nous apparaîtrez tel que nous vous avons connu, dans votre ardeur souriante, quand vous nous commentiez avec votre geste large et vos yeux animés, les belles pages qui parlaient de résignation virile, d'abnégation et de devoir.

Ces grandes idées vous inspiraient. Elles inspireront toujours vos chers Étudiants de Bordeaux, qui, le cœur déchiré, vous disent adieu !

DISCOURS DE M. FALLOT

PROFESSEUR A LA FACULTÉ DES SCIENCES.

MESSIEURS,

Après les éloquentes paroles que vous venez d'entendre, je n'ai pas l'intention de prononcer un discours : tout a été dit du reste ; mais je croirais manquer à tous mes devoirs si je n'apportais à celui que nous pleurons, à Charles Cucuel, un dernier hommage. C'est à titre de compatriote, de condisciple et d'ami que je tiens à le faire.

Nés dans la même ville, à Montbéliard, nous avons fait tous deux nos études dans ce vieux collège Cuvier que nous aimions tant et dont il a été l'un des plus brillants élèves; puis, comme tant d'autres, nous nous sommes perdus de vue.

Après bien des années, après Paris, Dijon, Lyon, il venait me retrouver à Bordeaux et je le revoyais avec cette bonne figure si avenante, si pleine de franchise, que vous avez tous connue.

Nos occupations journalières dans ces deux Facultés qui vivent sous le même toit, qui s'apprécient, qui s'aiment et prennent aujourd'hui une part égale à ce deuil, nous rapprochaient constamment, du reste.

A Bordeaux comme ailleurs, notre cher ami a su, à côté de ses qualités de professeur et de savant, si bien louées tout à l'heure, se concilier toutes les sympathies par son entrain, sa cordialité, et surtout par la droiture de son caractère et la sûreté de ses relations. C'était, comme le disait encore hier un de ses collègues, un de ceux qui l'ont le plus aimé et qu'il a lui-même le plus aimé, *l'homme le plus profondément honnête qui se pût voir*.

Voilà, Messieurs, croyons-nous, le plus beau témoignage que l'on puisse rendre à celui qui n'est plus; c'est aussi le plus bel héritage qu'il ait pu laisser à sa famille désolée, à ses enfants orphelins. Honnête, il l'était dans la plus haute acception du mot, honnête et fidèle à ses convictions, qu'il a professées jusqu'à la fin.

Et maintenant, au moment où cette tombe va se fermer, où de toutes ces belles qualités, de toute cette vie si digne, il ne nous reste qu'un souvenir, souvenir vivant et ému, qu'il me soit permis, au nom de ses amis de Montbéliard, que la distance empêche de se joindre à nous, au nom des anciens élèves du collège Cuvier si fiers de lui, de dire un suprême adieu à l'ami qui n'est plus et d'exprimer à cette famille si cruellement éprouvée, les sentiments de la plus profonde sympathie.

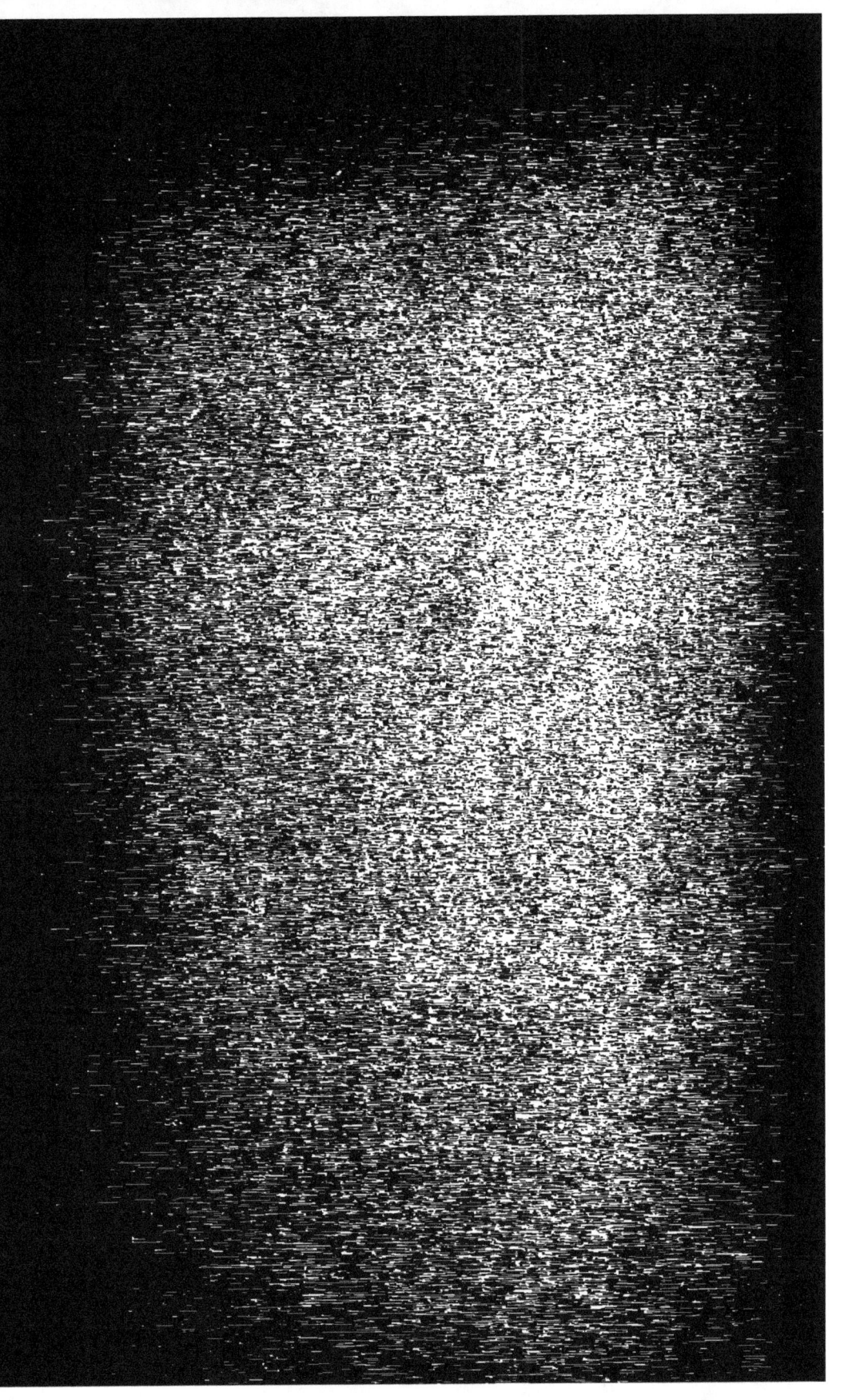

www.ingramcontent.com/pod-product-compliance
Lightning Source LLC
Chambersburg PA
CBHW060556050426
42451CB00011B/1937